NAPOLÉON BONAPARTE

A AUXONNE

Imprimerie de X.-T. Saunie, à Auxonne.

NAPOLÉON
BONAPARTE

A AUXONNE

SOUVENIRS RECUEILLIS PAR M. PICHARD, MAIRE

~1847~

Auxonne

TYPOGRAPHIE DE X.-T. SAUNIÉ, LIBRAIRE-ÉDITEUR

1847

—Celui qui, dans les temps modernes, a réalisé le vrai type du héros, c'est-à-dire l'homme qui a réuni la plus haute expression de l'intelligence humaine à la force de volonté la plus énergique, c'est Napoléon !... Mais nous sommes encore trop près de ce géant pour le saisir dans son ensemble et le juger comme il le mérite !

DICTIONNAIRE DE LA CONVERSATION ET DE LA LECTURE, art. héros.

—Quel que soit le lieu que parcoure aujourd'hui le voyageur, soit au pôle nord, soit au pôle sud, quel sera le nom qui retentira constamment à son oreille ? Napoléon !... toujours Napoléon !... Et, chose étrange, ce nom répété par les échos de chaque rive, depuis Cadix jusqu'à Moscou ; ce nom, par un effet qui tient encore à la magnifique destinée du prisonnier de Sainte-Hélène, ne réveille plus nulle part aucune pensée de haine ou de vengeance. Il vient à la bouche comme celui des figures colossales de l'antiquité. Napoléon apparaît déjà loin en arrière comme le Jupiter des païens !...

L'ÉTOILE POLAIRE, *par le vicomte d'Arlincourt,* tome II, page 353.

Tant de gloires accompagnent le nom mémorable de Napoléon, qu'il a suffi souvent de l'attacher au frontispice d'un livre pour exciter l'intérêt !..

DÉDICACE.

—❦—

Aux Auxonnais.

MES CHERS COMPATRIOTES,

Dans la plupart des ouvrages sur Napoléon, on parle à peine de notre ville, et cependant celui qui plus tard devait monter sur le plus beau trône du monde a résidé dans nos murs pendant près de trois années.

C'est à Auxonne que le jeune officier d'artillerie s'est formé; c'est à Auxonne que ses méditations l'ont mûri et qu'il a achevé ces études profondes qui l'ont si bien préparé au grand art de la guerre.

A Auxonne, mille souvenirs nous rappellent l'homme extraordinaire qui devint le favori de la fortune et répandit tant de gloire sur la France.

J'aime trop mon pays, pour ne pas chercher à conserver ces précieux souvenirs que j'ai puisés non-seulement dans les renseignements recueillis jusqu'à ce jour, mais mieux encore auprès de plusieurs personnes dignes de confiance qui ont connu Bonaparte. Vous accueillerez, j'en suis certain, ce fruit de quelque loisir. Vous l'accueillerez avec d'autant plus d'indulgence et de bienveillance, que je n'ai eu qu'un but, celui de revendiquer pour notre ville l'honneur d'avoir été, en quelque sorte, le berceau militaire de Napoléon.

PICHARD.

NAPOLÉON BONAPARTE

A AUXONNE.

E 1ᵉʳ mai 1788, un jeune officier d'artillerie vint rejoindre à
Auxonne le régiment de la Fère
qui y tenait garnison. Cet officier c'était
Napoléon Bonaparte.

Né le 15 août 1769, il n'avait pas encore
19 ans.

Napoléon appartenait à l'une des familles les plus distinguées de la Corse.

Charles-Marie Bonaparte, son père, était un homme remarquable par sa bonne éducation, son esprit, son éloquence, son patriotisme et son courage. En 1776, il représentait la noblesse de l'île, dans la députation qui fut envoyée au roi de France.

Letitia Ramolino, sa mère, d'un caractère élevé et d'une grande force d'âme, était l'une des plus belles femmes de son temps. Dans la guerre de l'indépendance Corse, elle partagea souvent les périls de son mari et le suivait à cheval dans ses expéditions, étant enceinte de Napoléon.

On lit au Mémorial de Sainte-Hélène :

Napoléon est entré à l'école de Brienne,
en . . . . 1779.

Passé à celle de Paris, en . . . 1783.

Lieutenant en second, en . . . 1785.

Lieutenant en premier, en . . 1791.

Capitaine, en. . . . . . . 1792.

Chef de bataillon, en . . . . 1793.

Chef de brigade, en. . . . . 1794.

Général de division, en. . . . 1795.

Général en chef de l'armée d'Italie, en . . . . 1796.

Premier consul, en . . . . . 1799.

Consul à vie, en . . . . . . 1802.

Empereur, en . . . . . . 1804.

Silencieux et solitaire à Brienne où le
chevalier de Kéralio, inspecteur des Écoles
militaires, disait de lui : « J'aperçois dans
cet élève une étincelle qu'on ne saurait trop

cultiver!... » Il conserva à Auxonne son caractère réservé, méditatif, et fréquentait peu les assemblées et les cafés. .

L'école d'artillerie était commandée à cette époque par M. le maréchal-de-camp Baron Duteil qui avait sous lui, pour direc-teur, M. Pilon d'Arquebouville.

C'est du nom de ce dernier et en raison des travaux qu'il avait fait exécuter pour faciliter les embarquements et débarque-ments sur la Saône à Auxonne, que le port a été appelé port Pilon.

Bonaparte logé aux casernes, ainsi que les autres officiers, occupa d'abord dans le pavillon dit de la ville, au troisième étage, la chambre n° 16, côté sud, escalier n° 1 (escalier au levant). Dans le cabinet qui précède couchait son frère Louis encore enfant, dont il prenait soin, et qui a fait, à Auxonne, sa première communion, sous l'abbé Morelet. Napoléon était à la fois le mentor et le précepteur de son frère, et lui faisait répéter ses leçons.

Quelque temps après, il eut dans le même pavillon, au deuxième étage de l'escalier n° 3, la chambre n° 10, au-dessus du cadran solaire établi par le régiment de Grenoble, en 1773. Son frère Joseph qui était venu le rejoindre, couchait dans le cabinet à l'entrée.

C'est lorsque Bonaparte occupait la chambre n° 10, qu'il traça lui-même l'autre cadran, en face, contre le pavillon royal.

Ainsi, dans ces logements plus que modestes ont habité les futurs rois d'Espagne et de Hollande, et celui qui devait un jour porter la couronne d'empereur. Ce serait une légère dépense pour l'État que de faire placer deux inscriptions, afin d'en consacrer le souvenir.

Plus tard en 1790 et 1791, Bonaparte prit un logement particulier chez M. Lombard, son professeur de mathématiques, dans la maison sise rue Vauban, qui appartenait alors à la famille Bauffre, et qui a été acquise récemment par la ville sur M. Phal-Blando, pour y transférer le collége.

Au-dessus de l'une des fenêtres de cette maison, on lit l'inscription suivante, placée par les soins de M. Phal.

CHAMBRE OCCUPÉE

PAR

NAPOLÉON BONAPARTE,

EN 1790 ET 1791.

Cette chambre se trouve actuellement comprise dans le vaste dortoir du collège. Quelques personnes se rappellent avoir vu dans la cheminée, contre le mur au nord, plusieurs compartiments qui avaient été disposés par Napoléon et qui lui servaient pour diverses expériences de chimie, dans lesquelles M. Lombard se plaisait à travailler avec son élève.

Qu'il me soit permis ici d'extraire des recherches biographiques par M. Amanton (Dijon, *L. N. Frantin*, 1802), quelques mots sur le savant professeur de Napoléon.

« Lombard (Jean-Louis), né à Strasbourg, le 23 août 1723, s'appliqua très-jeune à l'étude des sciences mathématiques et physiques et à celle des lois. Reçu avocat au conseil souverain d'Alsace, avant l'age de 20 ans, il plaida à Metz plusieurs causes avec éclat. Il fut nommé-professeur à l'école d'artillerie de cette ville en 1748, et à celle d'Auxonne, lors de la création de cette dernière, en 1759.

« Par ses connaissances approfondies et ses talents distingués, Lombard a mérité d'être placé dans la galerie des hommes dont s'honore le xviiie siècle.

« Il avait pressenti dans le simple lieutenant d'artillerie, son élève, le chef illustre qui conduisit tant de fois les français à la victoire.—*Ce jeune homme ira loin!. .* disait Lombard. Le célèbre mathématicien avait deviné un héros! » [1]

[1] La ville d'Auxonne possède dans sa bibliothèque un très-beau portrait de Lombard, au pastel.

Bonaparte était fort assidu aux leçons de M. Lombard, pour qui il manifestait d'ailleurs une grande vénération, et donnait à l'étude presque tous les instants que son service ne réclamait pas. Il avait été admis à la table de son professeur; mais ne voulant le gêner, ni lui ni sa famille, en aucune manière, il avait pris pension vis-à-vis chez un sieur Dumont, traiteur, qui demeurait au rez-de-chaussée de la maison appartenant actuellement à M. Noël. La salle à manger où Napoléon se réunissait aux autres officiers est celle contre le corridor.

On était obligé de l'appeler à l'heure des repas et presque toujours il se faisait attendre; mais il s'excusait avec une grande politesse. Du reste, afin de perdre moins de temps, il se contentait souvent de déjeuner chez une bonne femme qui demeurait dans la maison Bauffre, et qui lui préparait de la bouillie de millet ou de maïs.

Naturellement sobre, il vivait quelquefois de laitage, surtout dans ses excursions aux environs d'Auxonne.

Lorsqu'il se promenait, il se croisait les bras derrière le dos, tenant à la main des livres ou des papiers, s'arrêtant pour tracer des figures de géométrie sur le chemin, accostant volontiers ceux qu'il rencontrait, surtout les habitants de la campagne, témoignant de l'intérêt pour leurs travaux, questionnant beaucoup et notant les réponses.

On rapporte qu'il s'occupait alors d'un ouvrage de phrénologie, d'après lequel il prétendait parvenir à la connaissance des

facultés morales d'un homme, par l'inspection des traits de sa figure et par sa conversation. Or, on sait qu'à Sainte-Hélène, il
traitait au contraire de charlatanneries, la
science ou les systèmes de Cagliostro, de
Mesmer, de Gall, de Lavater, etc. « La rai-
« son, l'expérience, disait-il alors (et j'ai été
« dans le cas d'en faire une grande pratique),
« prouvent que les signes extérieurs sont
« souvent des mensonges. Le meilleur moyen
« de connaître et de juger les hommes, c'est
« de les voir, de les essayer, de les mettre en
« action... »

Sa promenade favorite était la grande
chaussée ou levée qui fait suite au pont de
Saône. Arrivé à l'extrémité de la chaussée,
dans une chaumière qui reçut plus tard la

dénomination de *Café Bonaparte*, il y prenait ordinairement une tasse de lait.

On voit encore cette chaumière qui depuis a été réparée, et où le premier Consul s'arrêta en l'an viii, quand il allait en Italie. Vivement ému à la vue d'Auxonne où son existence avait été si paisible, et éprouvant le besoin de recueillir un peu ses souvenirs, il descendit de voiture, demanda du lait, puis s'asseyant sur l'humble escabeau dont il s'était servi tant de fois, il se livra un instant à une méditation profonde.

Quel changement en effet dans sa position de fortune!... Quel chemin rapide n'avait-il pas fait depuis le moment où il n'était que simple lieutenant!...

De la chaumière à l'extrémité de la chaussée, Bonaparte se rendait soit à la fontaine
voisine, au midi, soit à Villers-les-Pots.

La fontaine de l'ermitage, naguère sur
la lisière du bois de Boutrans, était en-
tourée de chênes séculaires qui en faisaient un lieu de repos délicieux et prêtant
admirablement à la rêverie. Malheureusement la spéculation, qui ne respecte rien, a
dénudé le sol en défrichant le bois, et la
jolie fontaine n'a plus ses eaux ombragées
et ne voit croître sur ses bords qué des
ronces et des épines.

Elle tirait son nom d'un ancien ermitage
qui touchait à la Maison-Dieu, fondée en
1244, par Perron de Saint-Seine, et devenue

chapelle sous le vocable de Notre-Dame-des-
Neiges. Cette chapelle ou petite église jouis-
sait en 1555 de 26 faulx de pré et de 53 jour-
naux de terre; plus tard elle avait pour
desservant l'un des capucins du couvent
d'Auxonne, qui y célébrait la messe tous les
samedis. Elle est actuellement presqu'en
ruine et sert d'habitation à un cultivateur.

C'était entre la chapelle et la fontaine
qu'autrefois, le 25 mars, jour de la fête de
l'Annonciation, se tenait chaque année une
espèce de foire où se portait, dans l'après-
midi, la foule des habitants d'Auxonne et
des environs. Bourgeois, officiers et paysans,
grandes dames et ouvrières, chacun venait
prendre part à la gaîté commune, animée
par des violons installés auprès de la fon-

taine et qui faisaient entendre les contre-
danses du temps : la Primerose, la Rosière,
la Danemarck , la Thérèse , la Réjouis-
sante, etc.

Villers-les-Pots , l'un des villages les plus
pittoresques du canton d'Auxonne, possède,
près de l'église, un site charmant qui présente un gracieux sujet de paysage. Lorsque
Bonaparte y allait, il se rendait toujours chez
M. Borthon, officier supérieur d'artillerie, à
qui appartenait alors la maison de campagne
passée à M. de Girval, puis devenue la faïen-
cerie exploitée aujourd'hui par MM. Roux
et Febvret. Le joli jardin à la suite qui des-
cend vers la plaine, son magnifique berceau
de charmille et le bassin du jet d'eau ont
été tracés par Napoléon ; aussi en a-t-on re-

ligieusement conservé les dispositions. Seulement la terrasse d'où l'on aperçoit si bien Auxonne et que l'on avait plantée de tilleuls, est actuellement un terrain découvert, utilisé pour les dépôts et les travaux de la fabrique.

Souvent aussi Bonaparte se dirigeait sur Villers-Rotin, s'arrêtant à la maison isolée (à gauche de la route), chez un sieur Merceret où il prenait du lait. En été, il s'en faisait apporter sous un gros tilleul, contre l'église, appelé LE SULLY, s'abandonnant là à ses réflexions, entouré de ses livres, cartes et plans.

La fille du sieur Merceret qui fut mariée à un sieur Paperet, était une jolie fille que

Bonaparte voyait avec plaisir, l'appelant *Sa petite Marie*. Elle conservait de lui une bague en argent, un foulard, une pièce de 6 livres et une pièce suisse de 3 sous. Chacun l'a connue à Auxonne où elle remplissait, dans sa vieillesse, d'humbles fonctions.

Le tilleul contre l'église, à Villers-Rotin, rappelle en même temps à la mémoire Napoléon et Sully. Pour conserver le souvenir, cher à la France, de ce célèbre ministre, ami de Henri IV, des arbres furent plantés sur la place publique dans beaucoup de communes. Le magnifique tilleul sous l'ombrage duquel Napoléon aimait à se reposer est encore l'un de ces arbres.

M. Rougeot, professeur à l'école de dessin

d'Auxonne, a reproduit, dans deux tableaux,
dont l'un est en ma possession et l'autre dans
le salon de M. Caire, la vue de ce tilleul et
de l'église de Villers-Rotin. Le premier de
ces tableaux a eu, sous le n° 1566, les hon-
neurs de l'exposition, à Paris, en 1846.

Bonaparte allait encore quelquefois au
château des Maillys (ancienne construction
de N. de Rouvrai, sous Henri III), chez
Mme de Berbis, femme extrêmement gra-
cieuse et bienveillante, mère du digne chevalier de Berbis, ancien député de la Côte-
d'Or, qu'Auxonne s'honore d'avoir vu naître
dans ses murs. Enfin il allait aussi au hameau
de la Cour, jusqu'à la petite chapelle dans
les champs, dédiée à Notre-Dame-de-la-
Compassion, et revenait rêver dans la forêt,

au pied d'un chêne que l'on a baptisé LE NAPOLÉON.

Dans la superbe forêt des crochères, appartenant à la ville d'Auxonne, a été réservé un parc d'environ un hectare, pour servir de promenade. C'est dans cette partie réservée, à l'extrémité occidentale, sur les bords d'un tertre pittoresque qui domine les riches campagnes des environs et d'où l'on découvre parfaitement Auxonne, que s'élève le vieux chêne, tordu à une certaine hauteur, baptisé du nom illustre, si populaire en France. Les nombreux promeneurs, pendant la belle saison, ne manquent pas de s'asseoir sous son feuillage; mais c'est surtout le lendemain de la fête d'Auxonne, en septembre, où les jeux et les danses sont si animés à travers le bois, que des milliers de visiteurs viennent rendre hommage à l'arbre qui a abrité le héros!...

La chapelle ou oratoire de la Cour, dans laquelle se célèbre, chaque année, une grande messe, le jour de la fête de la Compassion de la Vierge, a été fondée par M. Hugues Monin de la Cour, écuyer, conseiller à la chambre des comptes de Bourgogne, l'un des bienfaiteurs d'Auxonne.

Bonaparte était sombre par fois, voyait seulement quelques personnes et de préférence celles plus âgées que lui. Très-fort sur les mathématiques, il se faisait un plaisir d'expliquer, à ses camarades et aux élèves, les problèmes et les démonstrations qu'ils n'avaient pas compris dans les salles. D'un esprit vif et d'une répartie prompte, se ser-

vant, comme dit Las Cases, d'expressions
pénétrantes empreintes d'étrangeté; il avait
une logique serrée, une parole énergique.
Il possédait très-bien la géographie et se
livrait à des études sérieuses, telles que Plutarque, Ossian, Polybe, les mémoires du
maréchal de Saxe, etc. L'histoire des grands
Hommes et le récit des belles actions exci-
taient particulièrement son enthousiasme;
cependant il cherchait à se défendre des préjugés et des passions et ne portait guère de
jugement sur les hommes et sur les choses,
sans s'appuyer sur la raison. En somme, il
plaisait généralement dès qu'il était connu.

En société, il se montrait fort gai et très-
aimable. Au bal, il s'abandonnait volontiers
au plaisir de la danse. Il ne refusait pas non
plus de se mêler de temps en temps aux

espiègleries de ses camarades. Dans le Mémorial de Sainte-Hélène on cite celle-ci qui
est arrivée au polygone d'Auxonne.

Un vieil officier supérieur d'artillerie
commandait un jour l'exercice du canon; il
suivait chaque coup avec sa lorgnette et assu-
rait qu'on allait loin du but. En effet les jeunes gens escamotaient le boulet chaque fois
qu'on chargeait. Le vieil officier n'était pas
un sot; après quelques coups, il fit compter
les boulets, et découvrit la fraude... Il trouva
le tour fort gai, mais n'en ordonna pas
moins les arrêts pour tous les lieutenants
sans exception.

Suivant ce que rapporte le baron de Cos-
ton, dans son ouvrage sur Napoléon, paru
en 1840, les officiers s'étaient pris, à

Auxonne, d'une belle passion pour la musique, et déchiraient à qui mieux mieux les
oreilles de leurs voisins. Le commandant de
l'école, qui n'était pas mélomane, défendit
qu'on jouât d'aucun instrument depuis la
retraite jusqu'au roulement du matin. Un
camarade logé au-dessus de Bonaparte, s'était
imaginé de donner du cor, et étourdissait
son voisin de manière à l'empêcher de travailler. On se rencontre dans l'escalier :

—Mon cher, vous devez bien vous fati-
guer avec votre maudit instrument.

—Mais, pas du tout.

—Eh bien! vous fatiguez les autres.

—J'en suis fâché.

—Vous feriez mieux d'aller donner du
cor plus loin.

—Je suis maître dans ma chambre.

—On pourrait vous soumettre quelques .doutes là-dessus.

—Je ne pense pas que personne soit assez osé...

Duel arrêté : le conseil des camarades examine avant de le permettre, et prononce qu'à l'avenir l'un ira donner du cor plus loin, et l'autre sera plus endurant.

On assure que vers le même temps, Napoléon eut encore une altercation à propos de musique avec un autre officier nommé Desroches. Lui-même avait essayé d'être musicien et un sieur Terrier, vieil artiste qui a fini ses jours à Auxonne, lui a donné des leçons.

C'est à Auxonne que Bonaparte fit con-

naissance de Mme Naudin, femme très-aimable
dont il recherchait la conversation et avec
laquelle il entretint, dit-on, une correspon-
dance. Elle était mariée à un commissaire
des guerres très-estimé, homme probe et
rigide, qui devint inspecteur aux revues,
puis intendant général de l'hôtel des Invalides.

Bonaparte aimait beaucoup aussi une
demoiselle Pillet, belle-fille de M. Chabert,
négociant en bois, et voulait se marier avec
elle; c'était une jolie femme, fort recherchée
alors. On conserve à Auxonne deux fiches
de jeu, en ivoire, sur lesquelles Napoléon, qui était admis dans le salon de
M. Chabert, pour y faire quelquefois la
partie, a écrit le prénom *Manesca*, qui est
celui de Mlle Pillet.

On recevait à Auxonne principalement dans trois maisons : chez Mme de Berbis, chez le commandant de l'école et chez le directeur d'artillerie. Bonaparte allait surtout chez M. Pilon, accompagnant le plus souvent M et Mme Lombard qui se rendaient. chaque soir à la direction, pour y jouer au loto [1].

Il s'était lié avec M. Lardillon, directeur des postes, et allait lire le journal du temps au bureau de ce dernier qui était contre le

___

[1] Je tiens de ma bonne mère, qui habitait en face de l'hôtel de la Direction, dans la maison où je suis né, appartenant actuellement à M. François Gilles, « *Qu'elle voyait presque chaque jour Bonaparte, petit* « *officier, maigre, pâle, soucieux, mais au regard im-* « *posant,* disait-elle, *venir chez M. Pilon, avec M. et* « *Mme Lombard, se tenant ordinairement à côté de cette* « *dame, dont il portait habituellement le sac à ouvrage.* »

corridor de la maison Oudot, place Royale, dans une petite chambre faisant aujourd'hui partie du logement occupé par M. Barbier.

On attribuait à son peu de fortune son éloignement pour la société. Il était à la vérité très-circonspect dans ses dépenses et, quand il logeait à la caserne, il vivait philosophiquement du pot-au-feu.

Déjà il se coiffait d'un petit chapeau et sa mise était plutôt négligée que soignée. Il contrastait avec plusieurs de ses camarades très-élégants qui le plaisantaient à ce sujet. Mais il savait mettre les rieurs de son côté.

Son tailleur était un nommé Biautte, dont le fils montrait naguère un petit registre de son père sur deux feuillets duquel on lisait :

Doit M. Bonaparte :

Fait culotte de drap . . . 2 *liv.*

Deux caleçons . . . . . 1 *liv.* 4 *s.*

———

Doit M. Bonaparte :

Fait anglaise bleue . . . 4 *liv.*

Bordure . . . . . . 1 *liv.*

———

Qui aurait pensé que plus tard il serait
maître de tant de richesses!... Qu'il serait
un jour, comme à la fameuse entrevue de
Dresde, le roi des rois, en quelque sorte,
distribuant là, ainsi qu'à Tilsit, des diamants
à tous ceux qui l'entouraient...

Napoléon, est-il dit au Mémorial de Sainte-
Hélène, a eu jusqu'à 400 millions d'espèces

dans les caves des Tuileries. Son domaine de l'extraordinaire s'élevait à plus de 700 millions. Il a distribué plus de 500 millions de dotations à l'armée, et chose remarquable, celui qui répandit tant de trésors, se trouva possesseur, au moment de sa seconde abdication, de quatre à cinq millions seulement, dont M. Lafitte était dépositaire.

Bonaparte aimait les fleurs, surtout les renoncules et les anémones. Il était pénétré de respect pour la religion et allait, chaque après-midi, à deux heures, faire une prière à la chapelle des Ursulines, devant une vierge pour laquelle il avait une certaine dévotion.

Combien sont peu stables les choses en ce monde! La Vierge, objet de vénération,

a servi, pendant la révolution, de déesse de
liberté. Elle est actuellement déposée aux
fonds baptismaux de l'église paroissiale. Le
couvent des Ursulines, bâti en 1645, est
devenu une brasserie.

C'est la prétendue possession de plusieurs
de ces religieuses par le démon, qui fit tant
de bruit de 1660 à 1665, et qui est rapportée
au deuxième volume des Causes célèbres.
Fruit du fanatisme et de l'ignorance, comme
le dit Courtépée, on peut l'ajouter au cha-
pitre des égarements de l'esprit humain.

En 1788, le commandant de l'école d'artillerie ayant ordonné des travaux dans le
polygone, chargea de l'exécution le lieutenant Bonaparte à qui fut adjoint un sergent
nommé Floret. Le général Duteil, homme

sévère, ayant trouvé que ses instructions n'avaient pas été exactement suivies, envoya le lieutenant aux arrêts et le sergent en prison.

Bonaparte était toutefois fort considéré de ses chefs. Le général Duteil l'affectionnait particulièrement, et le citait, pour modèle aux autres officiers, en ces termes : « Messieurs, voyez Bonaparte!.. » Aussi dans son testament, l'empereur n'a pas oublié son ancien chef d'artillerie. « Nous léguons, dit-« il, au fils ou petit-fils du baron Duteil, « lieutenant-général d'artillerie, ancien sei-« gneur de Saint-André, qui a commandé « l'école d'Auxonne avant la révolution, la « somme de 100,000 francs, comme souve-« nir de reconnaissance, pour les soins que « ce brave général a pris de nous, lorsque

« nous étions comme lieutenant et capitaine
« sous ses ordres. »

Quelques-uns étaient jaloux de cette con-
sidération et de l'amitié que lui portaient
ses supérieurs. Quoique l'un des derniers
lieutenants en second, il fut désigné,
de préférence à des officiers plus élevés
en grade, pour commander au polygone
une grande école en l'honneur du prince de
Condé. Or, au moment de l'inspection,
toutes les lumières des canons se trouvèrent
bouchées. Napoléon, dont le coup d'œil
était rapide et pénétrant, se fut bientôt
aperçu du piége, qui était un mauvais tour
de ses camarades ou une épreuve ordonnée
par le prince lui-même. Dans un instant tout
fut remis en état; les exercices commen-

cèrent et le tir eut les résultats les plus brillants.

Singulier effet de la destinée !... Dans cette fête militaire, Bonaparte, simple officier, prenait les ordres de celui dont on l'accusa, plus tard, d'avoir fait assassiner le petit-fils. Accusation, que du reste, il a toujours énergiquement repoussée, protestant au contraire de son estime pour le duc d'Enghein, et des regrets qu'il avait ressentis de sa mort précipitée.

Ce fut à peu près vers cette époque (et non en 1786, comme on le rapporte au Mémorial de Sainte-Hélène) que Bonaparte courut un grand danger : il se baignait dans la Saône et s'exerçait à nager ; ayant été surpris par une crampe et entraîné par le courant, il perdit à peu près connaissance. Il comprit vaguement que ses camarades parlaient de sa disparution, et s'occupaient des moyens de lui porter secours. En cet état, ayant heurté contre une pierre, le choc le rendit au sentiment. Il fit un effort, se retrouva à la surface de l'eau et en fut quitte pour vomir ce qu'il avait bu. On verra plus loin qu'il faillit encore se noyer en patinant.

La même année, il fit partie d'une commission chargée de suivre des épreuves relatives au tir des bombes de tout calibre, avec des mortiers de toute grandeur, des canons de 8, de 12 et de 16, et enfin avec des tronçons de 24. Les autres membres de la commission (à laquelle fut adjoint M. Lombard) étaient : MM. de Quintin, chef de brigade, Duhamel, Menibus et de

Gassendi, capitaines, Rulhière et du Vaisseau, lieutenants en premier.

M. Duteil avait dans le même temps invité tous les officiers du régiment à rédiger des mémoires sur diverses parties de l'artillerie. Bonaparte en présenta un fort remarquable sur le tir des bombes avec le canon.

Dans l'hiver de 1788 à 1789, Bonaparte, son ami des Mazis et un autre officier essayèrent, tant par système que par économie, de ne vivre que de laitage; mais ils ne supportèrent pas longtemps ce régime, surtout Bonaparte qui était faible d'estomac.

Le 1er avril 1789, sur les ordres de M. le marquis de la Tour du Pin de Gouvernet, commandant en chef le duché de Bourgogne, un détachement de 100 canonniers, commandés par M. de Manoir, lieutenant en premier, et Bonaparte, lieutenant en second, se rendit à Seurre, à l'occasion d'une émeute causée par la cherté des grains, pour y protéger le commerce et la circulation des subsistances. Deux négociants de Lyon, regardés comme accapareurs, avaient été tués par la populace, poussée à ce crime par trois individus qui, profitant de l'exaltation publique pour renverser l'administration de la commune, se constituèrent eux-mêmes administrateurs, et taxèrent à leur profit les grains que le peuple avait retenus à Seurre.

Dans cette expédition, Bonaparte fut logé chez M. Lambert, procureur (Grande-Rue, n° 13 ou 17), qui donna un bal auquel il invita son hôte; celui-ci n'ayant pas encore paru à minuit, M. Lambert alla le chercher et le trouva endormi sur des plans. Bonaparte ayant été réveillé, descendit au bal, mais il n'y resta que trois quarts d'heure. Il logea ensuite chez M. Philippot, aux Capucins.

Il fut remarqué, à Seurre, comme homme studieux, sérieux et peu communicatif; cependant il eut des relations assez suivies avec deux jeunes et jolies femmes, l'une mariée à un fonctionnaire de la ville, l'autre fermière des environs, et dont il avait fait connaissance dans l'une de ses promenades champêtres.

De Seurre il alla visiter l'abbaye de Citeaux où les dissentions entre les moines et l'abbé, avaient nécessité la présence d'une

compagnie du régiment de la Fère, commandée par le capitaine de Gassendi et le
lieutenant de. la Vieuville. Alors les idées
fermentaient dans toutes les têtes et de la
rue avaient gagné les établissements reli-
gieux. On sait que les moines les plus récal-
citrants de l'ordre étaient envoyés en puni-
tion à Citeaux; ces moines voulaient forcer
l'abbé général Dom François Trouvé à leur
distribuer le trésor du couvent.

Il existe une lithographie intitulée :
Bonaparte à Auxonne. Il y figure assis sur
son lit, un compas à la main et méditant sur
des plans; près de lui sont de riches ornements sacrés : une crosse d'évêque, une ba-
nière, un ostensoir, etc., etc. Quelques-uns
soutiennent que ces ornements représentent

ceux du couvent de Citeaux, rapportés par
le détachement du capitaine de Gassendi et
déposés dans la chambre de Bonaparte.
D'autres prétendent qu'ils réprésentent
ceux de l'aumônier du régiment. Cette dernière version peut paraître hasardée, en
raison de la crosse d'évêque et de la bannière
que l'on voit parmi les ornements dont il
s'agit, et qui ne semblent guère avoir dû
servir aux exercices du culte dans un régiment.

Le 1er mai 1789, Bonaparte fit une excur-
sion à Montcenis et au Creusot (Saône-et-
Loire), en compagnie de son camarade des
Mazis, qui était venu le prendre à Seurre,
puis rentra à Auxonne avec son détachement le 29 mai, après avoir passé par Saint-
Jean-de-Losne.

Précédemment Napoléon avait déjà visité cette dernière ville. Plein d'enthousiasme pour tout ce qui était grand, il manifestait hautement son admiration pour la glorieuse défense de ses habitants contre l'armée de Galas. « L'amour de la patrie, disait-il, en-
« fante des prodiges, et l'on ne saurait trop
« faire entrer dans l'instruction des enfants
« l'histoire des belles actions de leur pays.

Non-seulement Bonaparte cherchait à ac-quérir toutes les connaissances qui pou-vaient lui être utiles dans la carrière qu'il avait embrassée, mais il s'occupait encore d'objets d'un autre ordre, tout aussi sérieux. Ce fut d'Auxonne, qu'il écrivit, le 12 juin 1789, à Paoli, la lettre politique dans la-quelle il l'entretenait de l'histoire civile, politique et militaire que lui, Bonaparte, avait entreprise sur la Corse et où il se plaignait amèrement de la mauvaise administration des employés français qui gouvernaient l'île. Bonaparte désirait faire imprimer cette histoire, mais pensant qu'il quitterait bientôt Auxonne et n'aurait pas le temps de revoir et corriger ses épreuves, l'impression en fut ajournée et n'a jamais eu lieu, le manuscrit ayant d'ailleurs été perdu.

Bonaparte qui était l'admirateur de Paoli en devint l'ennemi, dès que celui-ci voulut favoriser les anglais au détriment de la France. Le célèbre général avait coutume de dire, en parlant de Napoléon : « Ce jeune homme « est vraiment taillé à l'antique; c'est un « homme de Plutarque!... »

Le 14 juillet 1789, Bonaparte prit les armes avec son régiment. On attendait les prétendus brigands annoncés pour le même jour et la même heure sur tous les points de la France.

Auxonne fut, comme beaucoup d'autres localités, le théâtre de divers désordres. Le dimanche 19, pendant les vêpres, quelques mauvais sujets sonnèrent le tocsin, puis de là coururent piller les bureaux et les caisses de plusieurs employés; brisant, dispersant, brûlant les meubles et les registres. On manqua d'énergie pour arrêter immédiatement le désordre qui se continua le lendemain. Des piquets de canonniers requis par l'autorité civile, refusèrent d'agir, et restant l'arme au bras, se bornèrent à empêcher les tapageurs de maltraiter le maire et les échevins.

Le 21 juillet, les malveillants encouragés par l'impunité et se trouvant en plus grand nombre, commencèrent de mettre à contribution quelques habitants notables. Les circonstances devenaient difficiles, de grands malheurs pouvaient arriver; afin de les prévenir, M. Petit, maire, organisa en garde nationale deux compagnies de citoyens de bonne volonté, qui s'armèrent à la hâte de sabres, de fusils et de piques, et parcoururent la ville en tous sens. La garnison s'étant alors montrée moins inactive et ayant secondé la milice bourgeoise, les principaux fauteurs du désordre ne tardèrent pas d'être arrêtés.

L'administration municipale d'Auxonne était alors ainsi composée :

Vicomte mayeur ou maire : M. Pierre Petit.

Échevins : MM. Louis Radepont, Claude-François Opinel, Antoine Conte et Claude Debelgrand.

Procureur-syndic : M. Jacques Seguin.

Pendant tout le temps de l'émeute, Bonaparte fut employé comme aide-de-camp du général Duteil. Imbu d'idées d'indépendance, il se prononçait énergiquement pour la liberté, mais il s'élevait fortement contre l'anarchie et désapprouvait les injures déversées contre la famille royale.

Pour empêcher de nouveaux troubles,

l'organisation régulière de la garde nationale, en six compagnies, eut lieu à Auxonne
le 28 juillet. Les principaux chefs étaient :

Colonel : M. Petit, maire.

Lieutenant-colonel : M. Buvée.

Major : M. Garnier.

Porte-enseigne : M. Lerat.

Capitaines en premier : MM. Gremeret,
père, Serdet, Chaudot, Lagrange, Lardillon,
Mourez.

Le 1er août, en présence des officiers municipaux, toute la garnison étant rassemblée
sur la place des casernes ; chaque officier,
sous-officier et soldat prêta à son tour le serment d'être fidèle à la nation, au roi et à la
loi. Les sentiments du jour avaient déjà ga-

gné tous les esprits. « Jusque là, disait Napo-
« léon, si j'eusse reçu l'ordre de tourner mes
« canons contre le peuple, je ne doute pas
« que l'habitude, les préjugés, l'éducation,
« le nom du roi, ne m'eussent porté à obéir ;
« mais le serment national une fois prêté, je
« ne connaissais plus que la nation. »

Du reste, souffrant à cette époque et se
ressentant du régime affaiblissant qu'il avait
voulu essayer, il écrivait à un ami de sa
famille :

« Je ne m'habille presque plus que tous
« les huit jours ; je travaille chez moi con-
« stamment. Couché à dix heures du soir ;
« je dors très-peu depuis ma maladie. Je me
« lève à 4 heures du matin et je ne fais qu'un
« repas par jour, à 3 heures, ce qui parait

« convenir au rétablissement de ma santé. »

Un congé de convalescence lui étant devenu nécessaire, il obtint d'aller passer quelques mois à Ajaccio, et partit à cet effet d'Auxonne avec son frère Louis, le 1er septembre. Ce fut pendant son séjour dans sa ville natale, qu'il signa l'adresse de plusieurs corses à l'assemblée nationale. On lui attribue même la rédaction de cette adresse où sa signature figure la première.

Le 1er juin 1790, il était rentré à Auxonne. En rendant visite à ses camarades, à son arrivée, et en leur présentant son frère : « Je ramène, dit-il, un jeune homme, qui « vient observer une nation tendant à se « détruire ou à se régénérer. »

Bonaparte se trouvait à la cérémonie du

14 juillet 1790, où les gardes nationales et les troupes de ligne prêtèrent à Auxonne le serment fédératif prescrit par le décret de l'assemblée nationale du 28 février même année.

Les membres de l'administration municipale étaient alors : MM. Claude Bertrand, maire, Denis Serdet, Jean Tavian, Joseph Lagrange, Honoré-Louis Gairoird, Pierre Gremeret, Claude Mourez et Jean-Baptiste Gaîtelet, officiers municipaux; Jacques Seguin, procureur de la commune. Tous les gardes nationaux, ainsi que tous les soldats, sous-officiers et officiers de la garnison reçurent de la ville, en présent et en signe d'union et d'amitié, un ruban aux couleurs de la nation, que chacun attacha à sa boutonnière.

Après son retour à Auxonne, Bonaparte s'occupa de faire imprimer, chez M. Joly, à Dôle, sa lettre du 23 janvier 1790, à M. de Buttafuoco, maréchal des camps et armées du roi, député de la noblesse corse à l'assemblée nationale constituante. Je ne transcrirai pas ici cette pièce qui est fort longue, je dirai seulement qu'elle est remarquable par son style énergique, ses reproches sanglants et son ironie mordante. Elle ne fut tirée qu'à cent exemplaires et produisit une vive sensation.

Napoléon en corrigeait lui-même les épreuves. Partant d'Auxonne, à pied, dès quatre heures du matin, avec son frère Louis, il acceptait chez M. Joly un déjeuner frugal, puis était de retour presque toujours

avant midi., prenant quelquefois la route de
Gray, pour voir en passant M. Masson, pro-
priétaire du château d'Authume, qui avait
été, en 1785, son premier capitaine dans
les bombardiers.

En arrivant à Dôle, il s'empressait d'aller
voir le vieux père Charles, ancien aumônier
de l'école de Brienne, qui lui avait enseigné
le catéchisme. Devenu premier consul, Napoléon n'oublia pas ce vénérable ecclésias-
tique. Il lui accorda une pension de 1000 fr.
en accompagnant le brevet d'une lettre au-
tographe qu'il terminait ainsi : « Je n'ai
« point oublié que c'est à votre vertueux
« exemple et à vos sages leçons que je dois
« la haute fortune à laquelle je suis arrivé.
« Sans la religion il n'est point de bonheur,

« point d'avenir possible. Je me recommande
« à vos prières. »

Dans une de ses visites à M. Joly, il fit la
connaissance de l'abbé Jantet qui, frappé du
caractère énergique du jeune officier d'artillerie, s'écriait avec enthousiasme : « Ce jeune
homme doit faire un grand chemin !... »
L'abbé Jantet, savant mathématicien, que
l'on a surnommé le Pourvoyeur de l'école
polythecnique, a fait l'éducation du général
Bernard et de beaucoup d'autres personnages
devenus illustres. Il possédait le manuscrit
de la lettre à M. de Buttafuoco et voulait le
déposer dans une bibliothèque publique,
mais il mourut à Besançon sans avoir réalisé
son projet.

Napoléon est encore à Auxonne le 1er jan-

vier 1791. Sa femme de ménage (la nommée
Thérèse Guérin, plus connue sous le nom
de femme Tierce), lui adressant son compli-
ment de nouvelle année et lui disant : « Je
« souhaite que vous deveniez un jour géné-
« ral. » — « Ah! ma pauvre Thérèse, répon-
« dit-il, combien je serais satisfait si j'arrivais
« au grade de commandant ; certes, je n'en
« demanderais pas davantage. »

   « Ce n'est en effet qu'au siége de Toulon,
« disait-il à Sainte Hélène, que j'ai commencé
« à avoir de l'ambition. Encore cela ne s'é-
« levait pas fort haut. J'étais loin de me re-
« garder comme un homme supérieur. Mais
« après Lodi, puis après la victoire des Pyra-
« mides et la possession du Caire, je crus
« pouvoir m'abandonner à des rêves bril-
« lants. »

Dans le même mois de janvier 1791,
Bonaparte patinait en dehors de la place,
sur le fossé, très-profond alors, le long de
la courtine, en avant du grand corps de
caserne. Il était près de 5 heures et il ôtait
ses patins pour aller diner, lorsque deux de
ses camarades lui dirent : « Faisons donc
« encore un tour? » Il hésita un instant, puis
finit par répondre : « Ma foi, non; il est
temps de partir. » Les deux amis ne l'écou-
tent pas, ils s'élancent; mais la glace fléchit
sous eux, ils sont engloutis!... Bonaparte
essaya en vain de leur porter secours; on
ne retira de l'eau que deux cadavres!

Quel changement dans la marche des évènements, si la mort eut frappé, à Auxonne,
celui de qui dépendirent les destinées du
monde!...

On admirait généralement le rare bonheur qui rendait Napoléon comme invulnérable au milieu des combats. Et cependant il a couru bien des dangers dans sa vie. Mais ce qu'on ignore, c'est qu'il a toujours fait mystère de ces dangers, sur lesquels il recommandait le silence le plus absolu.

Au siège de Toulon, il a été blessé à la cuisse d'un coup de bayonnette et d'un coup de lance. Il a eu, en outre, 3 chevaux tués sous lui au même lieu, plusieurs tués ou blessés dans ses campagnes d'Italie, 3 ou 4 à Saint-Jean-d'Acre.

Au passage du Mincio, après avoir ordonné de poursuivre l'ennemi, il s'était arrêté presque sans suite dans un château, et prenait un bain de pieds, pour dissiper un violent mal de tête, lorsqu'un fort détachement ennemi, qui s'était égaré, arrive près du château. Aux cris de la sentinelle qui était en faction à la porte, Napoléon s'évada par les derrières du jardin, n'ayant eu que le temps de mettre une botte.

La veille de la bataille d'Iéna, profitant de l'obscurité, il s'était approché des bivouacs ennemis pour les reconnaître. En revenant, la première sentinelle du camp français lui tira son coup de fusil, et ce fut un signal pour toute la ligne; il n'eut d'autre ressource que de se jeter à plat ventre, ainsi que son escorte. Heureusement les avant-postes ennemis n'avaient pas répondu au feu.

A Eylau, seul avec quelques officiers

d'état-major, il fut presque heurté par une colonne de quatre à cinq milles russes. Cette colonne s'arrêta à l'approche d'un bataillon de la garde, qui se trouvant à portée, reçut l'ordre de se porter rapidement en avant. « Il était temps, disait le général « Bertrand. L'empereur n'avait pas bougé, « mais tout ce qui l'entourait avait frémi. »

A Ratisbonne, une balle lui a frappé le talon.

A Esling ou à Wagram, un coup de feu lui a déchiré la botte et la peau de la jambe gauche.

A Marly, dans une chasse, tous les équipages avaient été mis en déroute, et il se trouva isolé avec Soult et Berthier. Attaqués par trois sangliers énormes, ils les tuèrent tous les trois, mais Napoléon fut sur le point d'être renversé et faillit perdre un doigt.

Après le combat de Brienne, il fut inopinément entouré par des cosaques qui avaient passé sur les derrières de l'armée, et se vit dans la nécessité de tirer l'épée pour sa défense personnelle.

A Arcis-sur-Aube, il a perdu un cheval et son chapeau.

Enfin, indépendamment des menées inconnues ou peu importantes, il comptait plus de trente conspirations à pièces authentiques.

En le sachant échappé à tant de périls, aux attaques des assassins comme au feu des batailles, ne pouvait-on pas bien l'appeler l'Homme de la providence?...

Le 1er avril 1791, Bonaparte fut nommé

5

lieutenant en premier dans la 12ᵉ compagnie du régiment de Grenoble (devenu 4ᵉ de l'arme), qui tenait garnison à Valence. Vers la fin du même mois, il partit avec son frère Louis pour sa nouvelle garnison, d'où il envoya, quelque temps après (et non, comme on l'a dit, seulement quand il fut consul), à M. Louvrier son fournisseur à Auxonne, 3oo et quelques francs, prix du nouvel uniforme et de l'équipement qu'il avait achetés lorsqu'il reçut sa nomination de lieutenant en premier.

Avant son départ pour Valence, il alla rendre visite, à Nuits, à M. de Gassendi, marié depuis peu à la fille d'un riche médecin de cette ville. M. de Gassendi qui devint général de division, conseiller d'état, sénateur, etc., était alors capitaine-commandant au régiment de la Fère. Bonaparte ne tarda pas à s'apercevoir du dissentiment qui existait entre les opinions politiques du beau-père et du gendre; celui-ci était aristocrate et l'autre chaud patriote. Le médecin trouva dans le jeune visiteur un auxiliaire puissant. L'apparition d'un officier de mérite, d'une logique serrée et d'une élocution facile, était une recrue précieuse pour les patriotes de la localité. Aussi produisit-il une certaine sensation. Le lendemain de son arrivée qui était un dimanche, on le saluait de l'extrémité de la rue.

Pourtant le triomphe ne fut pas sans quelque désagrément. Soupant chez Mme Marey, il se trouva (disait-il à Sainte-Hélène), dans le repaire de l'aristocratie, dans un véritable guêpier. Bref, il fut obligé de

rompre force lances, car chacun l'attaquait;
heureusement la générosité de la maîtresse
de la maison, et péut-être une secrète sym-
pathie d'opinions, vinrent au secours de
Napoléon dans cette circonstance. Mme Marey
intervint à diverses reprises pour changer
la conversation et détourner les coups qui
auraient pu blesser son jeune convive.

Dans les derniers jours d'août 1793,
Banaparte revint à Auxonne, en qualité de
capitaine, avec la mission d'accélérer des
envois de poudre de Vonges, destinés à l'armée. A son arrivée, il s'empressa d'aller
rendre visite à M. Lombard, qui l'invita à
dîner avec plusieurs officiers parmi lesquels
était M. Charbonnel (mort lieutenant-général), destitué à cette époque, par suite de
dénonciation, de son grade de lieutenant en

second dans la 6ᵉ compagnie d'ouvriers
d'artillerie. M. Charbonnel résista longtemps
aux instances de M. Lombard qui lui disait :
« Vous serez charmé de faire la connaissance
« du capitaine Bonaparte. » Il céda enfin, et
n'eut pas lieu de s'en repentir, car il rentra
bientôt au service. Bonaparte s'était souvenu
de lui et l'avait fait appeler au siège de
Toulon.

Instruit de la trahison qui livrait cette
ville aux anglais et ayant achevé sa mission
concernant les envois de poudre, le nouveau
capitaine se dirigea promptement sur Paris,
où il obtint du comité du salut public le
commandement provisoire de l'artillerie à
l'armée de Toulon.

Auxonne ne revit plus Bonaparte qu'en
l'an viii (1800), lorsqu'il se rendait à Genève,

pour le passage du mont Saint-Bernard. Il
arriva à Auxonne le 17 floréal, et descendit
à l'hôtel de la Direction. Il portait le costume
de conseiller d'Etat (habit bleu, brodé en
soie). Deux haies étaient formées par la garde
nationale et la garnison, depuis la porte de
France jusqu'à l'arsenal; mais à sa descente
de voiture, chacun voulant s'approcher de
celui que l'on avait vu naguère simple officier, et qui était déjà devenu grand pour la
France, il fut, en quelque sorte, porté par
la foule jusqu'à l'entrée de l'appartement
qui lui était réservé.

Dans le discours rapporté ci-après, qui
mentionne encore quelques particularités
sur son séjour à Auxonne, on verra avec
quel plaisir il revit cette ville, et quel fut
l'accueil empressé des habitants.

INAUGURATION DU BUSTE DE BONAPARTE

A AUXONNE.

—

Le 18 brumaire an x (9 novembre 1801),
une fête brillante eut lieu à Auxonne, en
l'honneur de Bonaparte. Son buste exécuté
par Larmier, professeur de sculpture à
Dijon, et au bas duquel on lisait ces mots :
A la reconnaissance!... fut porté solennelle-
ment dans la ville, accompagné d'un grand
concours d'habitants et de toutes les auto-
rités civiles et militaires, au bruit des tam-
bours, de la musique et des salves d'artillerie. [1]

---

[1] Ce buste, d'une belle exécution, a été brisé, en
1815, par un commissaire de police, tout puissant à
cette époque.

Après avoir parcouru les rues de la Paix, Jean-Jacques-Rousseau (Grande-Rue), de Saône (Lafayette), de la Constitution (Marin), le cortége s'arrêta au milieu de la place de la Liberté. Les principaux fonctionnaires ayant alors occupé une vaste estrade, le buste fnt élevé aux acclamations de tous les assistants sur un autel dédié à la patrie, après quoi le maire (M. Girault) prononça un discours dont nous extrayons les passages suivants :

« La victoire, Bonaparte et la paix !....
« Auxonne, l'attachement et la reconnais-
« sance!... tels sont les rapports sous les-
« quels nous célébrons aujourd'hui cette
« fête!...

« La gloire a publié le nom de Bonaparte
« dans les quatre parties du monde. De

« tous les points de la grande république
« s'élève en ce moment un concert de
« louanges envers l'homme immortel ; mais
« deux villes dans l'empire français se glori-
« fient d'avoir à ajouter aux sentiments pu-
« blics ceux de leur affection particulière
« pour ce jeune héros : Ajaccio qui doit
« s'enorgueillir de lui avoir donné naissance !
« Auxonne qui est fière d'avoir été le ber-
« ceau militaire de cet illustre guerrier !...

« Oui, citoyens, Bonaparte a fait ses
« premières armes dans cette place ; il s'in-
« struisait ici à forcer la victoire !... Dès-lors
« il s'y faisait remarquer par son ardeur
« infatiguable au travail, par sa passion pour
« l'étude ! Et dès-lors aussi ceux avec qui ses
« occupations lui donnaient des relations

❧ 66 ❧

« plus fréquentes, lui présageaient de hautes
« destinées.

« Vous aimez à vous rappeler toutes les
« circonstances du temps où ce grand homme
« habitait cette ville. La révolution était son
« aurore; Bonaparte revenait d'Ajaccio dans
« sa seconde patrie, accompagné du plus
« jeune de ses frères; il avait puisé de vastes
« idées en révolution, qu'il savait adapter avec
« sagacité à la révolution de France. Il ne
« craignait pas de développer hautement
« son opinion, conversait fréquemment des
« affaires politiques, et toujours avec en-
« thousiasme. Nous-mêmes avons été sou-
« vent témoins de partie de ses entretiens
« familiers sur la chose publique et nous
« l'avons tous vu fraterniser avec nous
« à ce premier élan de civisme, qui donna

« lieu au banquet entre la garnison de la
« place et la garde nationale de cette ville.

« Ces traits ne s'effaceront jamais de la
« mémoire des Auxonnais. Ils subsistent aussi
« dans le souvenir du premier consul[1]!
« votre arsenal rétabli; votre école définiti-
« vement conservée[2]; de nouveaux établis-

[1] Bonaparte accueillait très bien ceux qui lui parlaient d'Auxonne, et demandait avec intérêt des nou-
velles des personnes qu'il y avait connues.

[2] Il avait été arrêté en projet, par le Directoire, de
transférer à Rennes l'arsenal de construction qu'Auxonne possédait dès 1674. La révocation de cette me-
sure fut un des premiers actes du gouvernement
consulaire.

On balançait pour supprimer l'école de Besançon ou
l'école d'Auxonne, celle-ci fut conservée. Malheureusement depuis, Auxonne s'est vu enlever non-seulement son école, mais aussi son arsenal de construction,
malgré les sacrifices immenses qu'elle s'était constamment imposés.

« sements militaires fixés dans vos murs ,
« sont des preuves non équivoques de l'atten-
« tion que Bonaparte porte sur cette ville.

. . . .

« Mais nous particulièrement, habitants
« d'Auxonne, ajoutons aux sentiments de
« tous les français pour Bonaparte, ceux de
« notre reconnaissance particulière et de
« notre affection pour ce jeune héros, jadis
« notre compatriote.

« Rappelez-vous, citoyens, ce jour où le
« vainqueur de Marengo passa par cette
« ville ?... Du moment où il l'aperçut, une
« douce joie se manifesta sur son visage ; il
« arriva dans ces murs avec la sérénité d'un
« père qui rentre dans sa famille. Affable,
« accessible à tous, cherchant à reconnaître
« ceux avec lesquels il avait eu quelques re-

« lations, les prévenant lui même, les ac-
« cueillant avec bonté, s'informant des
« autres avec intérêt, il se plaisait à se
« retrouver dansAuxonne; il aimait à con-
« templer les lieux qu'il avait habités[1].

[1] Bonaparte ne put rester que deux heures à
Auxonne. Son premier mot, en entrant dans la
grande salle basse de la Direction, fut de dire avec
satisfaction, *qu'il y avait fait bien des lotos.*

Il fut affectueux pour tous ceux qui vinrent le
visiter, surtout pour M. Lombard, fils de son ancien
professeur, pour un sieur Terrier, pauvre artiste qui
lui avait donné des leçons de musique, et pour un
commandant d'artillerie nommé Jean (devenu aveugle
par l'effet d'un boulet de canon), auquel il rendit un
neveu, son seul soutien, qui était sur le point de
partir pour l'armée, comme conscrit.

Il manifesta les plus vifs regrets de ce qu'étant trop
pressé de partir, il ne lui était pas possible de présenter ses hommages à Mme Pilon, octogénaire et infirme,
veuve de l'ancien directeur d'artillerie.

Fin de Bonaparte à Auxonne.

ESQUISSE RAPIDE

NAPOLÉON.

L'armée de Paoli avait fui de rocher en rocher devant les soldats français, et l'illustre chef s'était vu forcé de s'embarquer pour l'Angleterre. La Corse venait d'être soumise, lorsque naquit à Ajaccio un enfant dont les premiers tressaillements s'étaient fait sentir sur les champs de bataille, cet enfant fut appelé Napoléon!...

Tout jeune, il avait un caractère fier,

obstiné, curieux, défiant les privations. Sa mère seule lui imposait par sa tendresse et le pliait à l'obéissance.

C'est aux cris de guerre contre les anglais; à ce cri unanime : *La descente en Angleterre!* que Napoléon aborde en France, en 1779, pour entrer comme élève du roi à l'école de Brienne. Silencieux et recueilli, avare de l'emploi du temps, laborieux et observateur, il excelle bientôt dans les mathématiques, et déjà on pressent pour lui de hautes destinées.

Placé à 14 ans à l'école de Paris, nommé lieutenant en second à 16 ans, le jeune officier corse continue à Valence et à Auxonne sa vie de méditation et de travail. Son maintien est un mélange de décision et de gravité; sa parole est vive et pénétrante; son regard étincelant annonce le génie.

Capitaine à 23 ans, il s'est livré à de profondes études sur l'art de la guerre et s'est appris à juger les hommes et les choses. Il est préparé aux évènements... Une infâme trahison a jeté Toulon entre les mains des anglais qui occupent en outre les hauteurs environnantes. L'armée républicaine désespère du succès; les soldats rebutés refusent de rester dans des postes labourés par les boulets ennemis... Napoléon écrit sur un poteau, dans le lieu le plus dangereux : *Batterie des hommes sans peur!* Tous les canonniers demandent à y servir; lui-même debout sur le parapet donne l'exemple... Les munitions manquent; la disette est dans le camp; les plans les mieux conçus échouent

6

par l'ignorance des chefs incapables; le
jeune commandant d'artillerie remédie à
toutes les fautes et pourvoi à tout. Bientôt
Toulon est rendu à la France!...

Promu colonel pendant la siège, il est
nommé général après la victoire. « Récom-
« pensez et avancez ce jeune homme (avait
« écrit Dugourmier), car si l'on était ingrat
« envers lui, il s'avancerait tout seul! »

L'infortuné Louis xvi a été condamné!
Plus de vingt mille citoyens et les chefs de
tous les partis sont morts sur l'échaffaud!
La république a vaincu les rois et fait trem-
bler l'Europe; mais elle n'a pu se défendre
contre elle-même. La convention va périr :
quarante mille hommes armés s'avancent
contre elle!... Bonaparte est placé en tête

des troupes qui la défendent. On essaie de le séduire; il demeure immobile! Les sections s'élancent; il attend! Maître de lui-même au milieu du danger, il saisit l'instant favorable pour commander le feu!... Tout cède! tout se disperse! Force reste à la loi!..

Étranger aux passions qui l'entourent, déjà il s'élève comme un monument de bronze au milieu des orages. Nommé général en chef de l'armée d'Italie, il n'y trouve qu'indiscipline et désordre nés du découragement et des privations. Point de subsistances ni d'argent; point de vêtements ni de chaussures; vingt-huit mille hommes seulement au lieu de cent mille qui lui ont été annoncés, et à peine trente pièces de canon disponibles; devant lui cinquante mille impériaux, trente mille sardes, plus de deux cents pièces de canon, une ceinture de monts inaccessibles, de forts réputés imprenables. « Soldats, dit Napoléon à son « armée, vous êtes nus, mal nourris ; le gou- «·vernement vous doit beaucoup ; il ne peut « rien vous donner. Votre patience, le cou- « rage que vous montrez au milieu de ces « rochers sont admirables, mais ils ne vous « procurent aucune gloire ; aucun éclat ne « rejaillit sur vous. Je veux vous conduire « dans les plus fertiles plaines du monde. « De riches provinces, de grandes villes seront « en votre pouvoir. Vous y trouverey hon- « neur, gloire et richesses. Soldats d'Italie, « manqueriez-vous de courage ou de cons- «·tance ? » Tous répondent avec joie à son appel. Masséna, Augereau, Joubert, Laharpe, Belliard, Serrurier, Berthier, Junot, Mar- mont, Duroc, Maison, Murat ; cette cohorte brillante des géants de l'empire apparaît sur la scène du monde. Les Alpes sont tournées ; l'habile général est vainqueur à Montenotte, à Millesimo, à Mondovi. Il emporte le pont de Lodi, prend Milan, Crémone, Pavie, Gênes. L'Autriche épouvantée envoie une armée nouvelle ; vingt mille français abandonnés par le Directoire luttent contre cent quarante mille ennemis. Battues à Castiglione, à Lonato, à Rivoli, à Arcole, la seconde, la troisième armée autrichiennes sont anéanties ; la paix est dictée sous les murs de Vienne [1].

[1] Il n'y a plus moyen d'y rien comprendre, disaient les prisonniers allemands ; nous avons affaire à un jeune général qui est tantôt devant nous, tantôt sur notre queue, tantôt sur nos flancs. On ne sait jamais comment se placer. Cette manière de faire la guerre est insupportable et viole tous les usages.

Adoré du soldat, objet d'enthousiasme
pour le peuple et de jalousie pour le gouvernement, Bonaparte rêve une expédition
poétique, grandiose : la conquête de l'É-
gypte!... Bientôt le bruit de ses victoires
traverse la Méditerranée; le drapeau trico-
lore plane sur les mosquées du Caire et le
musulman tombe en admiration devant la
valeur française.

Mais la patrie est déchirée par la dis-
corde; la France a perdu ses conquêtes; le
trésor est vide; le désordre est partout. Bonaparte accourt; son œil d'aigle a sondé la
profondeur du mal! « Qu'avez-vous fait,
« dit-il dans ses proclamations, de cette
« France que je vous ai laissée si brillante?
« Je vous ai laissé la paix, j'ai retrouvé la
« guerre; je vous ai laissé des victoires, j'ai

« retrouvé des revers ; je vous ai laissé les
« millions de l'Italie, j'ai retrouvé partout
« des lois spoliatrices et la misère. Qu'avez-
« vous fait de cent mille français que je con-
« naissais, tous mes compagnons de gloire?
« Ils sont morts !... Un tel état de choses ne
« peut durer. »

C'était déjà Napoléon parlant en maître.
Du consulat temporaire, il passe au consulat à vie. Il rappelle les exilés, reconcilie les
partis, relève la religion. Il protège le commerce et l'industrie, trace des canaux et des
routes et fonde la Légion-d'Honneur.

Napoléon est proclamé empereur!

L'aigle impériale brille sur nos étendarts ;
le peuple de 89 et de 92 applaudit avec enthousiasme. Mais la moitié de l'Europe se

refuse à reconnaître la nouvelle couronne ;
le reste conspire contre elle. L'année 1805
s'ouvre et la guerre gronde sur tous les ri-
vages. Gènes, Parme, Plaisance sont incor-
porés à l'empire ; la république italienne est
érigée en royaume et Napoléon court à
Milan avec Joséphine ceindre l'antique couronne de fer. Il tient dans ses mains le sort
de vingt peuples et depuis Boulogne menace
l'Angleterre ; la fausse manœuvre d'un ami-
ral sauve les anglais. L'Autriche jette le
masque et lance deux cent vingt mille
hommes ; la grande armée française, trans-
portée à marches forcées, refoule l'ennemi,
s'empare d'Ulm et entre à Vienne le 15 novembre. La Russie et la Prusse se mettent
en ligue ; le soleil d'Austerlitz éclaire, le
2 décembre, la défaite des monarques
coalisés.

Alors Napoléon distribue des royaumes ; son code immortel est décrété ; de toutes parts d'immenses travaux s'accomplissent ; Paris voit s'élever sa majestueuse colonne.[1]

Mais une coalition redoutable a été signée entre toutes les puissances du nord. Deux cent trente mille hommes s'avancent tout-à-coup vers le Rhin ! Napoléon plus rapide encore arrête les prussiens frappés de surprise. Le 14 octobre 1807, il foudroye l'ennemi à Iéna !...

[1] La colonne de la place Vendôme, monument triomphal élevé à la gloire de la grande armée, a 45 mètres de hauteur, y compris la statue de Napoléon qui la surmonte. On arrive au sommet, sur le tailloir du chapiteau, par un escalier de 176 marches. De là on découvre une grande partie de Paris.

Les plaques de bronze dont elle est revêtue ont été coulées avec l'airain de 1200 canons pris parmi ceux conquis à Ulm et à Vienne.

Cantonné à Varsovie pendant l'hiver, il sait exalter le patriotisme polonais et attend avec confiance les masses russes commandées par Alexandre. Eylau et Friedland prouvent de nouveau la valeur française, les talents et la tactique admirable de Napoléon. Il s'est montré plus habile que César, il a dépassé Charlemagne !..

Paris devient le rendez-vous de tous les rois. Napoléon n'a plus qu'un ennemi dans le monde : c'est l'Angleterre, cette éternelle rivale si active, si dangereuse, qui sème partout l'or pour susciter des haines contre la France ; malheureusement l'Espagne a vu sa nationalité froissée ; Joseph a été proclamé roi et une insurrection qui court brûlante comme la lave des volcans, envahit la péninsule. Magistrats et généraux sont assas-

sinés! Au nom de Dieu et de la patrie, le
crucifix d'une main et le poignard de l'autre, les prêtres appellent le peuple à la ré-
volte. C'est une guerre terrible, implacable,
dans laquelle l'Angleterre jette ses meilleurs
bataillons. En vain les troupes françaises
font des prodiges! Il leur faudra quitter un
pays où tout combat contre elles, où l'insurrection les décime chaque jour, où la
vieille loyauté espagnolle défend ses mœurs,
sa foi, son honneur.

Comptant sur cette diversion puissante,
l'Autriche veut de rechef tenter la fortune
des combats. Elle a dissimulé ses intentions;
puis tout-à-coup, sans déclaration de guerre,
elle pousse en avant ses landwers, ses levées
en masse. L'invasion a eu lieu le 3 avril 1809;
Napoléon en a été informé aux Tuileries le

12 par le télégraphe; le 16, il est en présence des autrichiens; trois jours après, il
les bat à Thann, à Abensberg, à Eckmühl,
à Landshutt; le 13 mai, Vienne est occupée!..
L'Autriche se relève au-delà du Danube;
elle est encore vaincue à Lobau, à Essling,
à Wagram.

Toutefois la puissance impériale s'affai-
blissait secrètement. Les français ont éva-
cué le Portugal; le pape n'a pas craint de
lancer les vieux foudres de l'église; l'Angleterre a opéré des débarquements formi-
dables, puis agissant au loin par ses flottes,
elle s'est emparée des colonies françaises et
des colonies hollandaises. L'empire français
s'agrandit chaque jour, mais il n'y a plus
de sécurité pour les nationalités étrangères;
les peuples grondent sourdement; la Russie

réclame contre les envahissements incessans de la France et se rapproche de l'Angleterre. Alors se prépare cette lutte immense dont l'issue doit nous être si funeste. Un fils est né à Napoléon le 20 mars 1811 ; ce sera pour lui l'un des derniers bienfaits de la Providence !

Le 9 mai 1812, Napoléon quitte Paris, accompagné de Marie-Louise ; il arrive à Dresde au milieu d'une cour de rois ! Cinq cent mille hommes le suivent ! Les russes sont refoulés jusqu'à Smolensk qui est emporté après un combat terrible. Vingt jours après, le 7 septembre, est livrée la sanglante bataille de la Mo-kowa où huit cent pièces d'artillerie vomissent la mort. La perte de quarante mille français paye chèrement la victoire.

Enfin Moscou la sainte apparait avec ses coupoles dorées. L'armée française oubliant ses privations, ses fatigues, jette un long cri de satisfaction et d'orgueil. Mais personne ne vient présenter les clés de la ville; elle est déserte!.. Les soldats enfoncent les portes des palais; Napoléon s'établit au Kremlin!. Hélas! Sa joie est courte! L'incendie s'allume et dévore la riche capitale sur laquelle Rostopchine a lâché tous les bandits amassés dans les prisons.

Le sacrifice a été immense, mais il sauve la Russie. Incertain, inquiet sur l'avenir, Napoléon lui-même a adressé des propositions de paix à Alexandre qui ne veut pas y répondre, car il sait bien qu'un auxiliaire indomptable va sévir contre les français.

Le 13 octobre en effet, les premières

neiges annoncent l'hiver de la Russie. Le 19, vaincu par la nécessité, Napoléon tourne pour la première fois la face de ses soldats vers la patrie. Il est trop tard!.. Comment l'armée marchera-t-elle à travers ces vastes plaines détrempées, dévastées, désertes, à travers les avalanches et les glaces? Poursuivie par l'ennemi, arrêtée dans tous les passages, elle laisse après elle une longue trainée de morts et de mourants. Un bâton à la main, Napoléon marche au milieu de ses compagnons d'infortune; ce n'est plus le puissant empereur, c'est le chef ramenant tristement les débris de son armée et cependant toujours calme, intrépide, veillant sur le salut de tous. On lui a proposé de fuir, mais il veut partager le destin de ses soldats. Ressaisissant quelques éclairs de for-

tune, il a percé quatre-vingt mille russes,
le 16 novembre, avec neuf mille combattants qui lui restent. Sublime à Crasnoë et
revenant au nord, à travers mille périls, à
la recherche d'Eugène, de Davoust, de Ney,
ses dignes lieutenants qu'il ne veut point
abandonner, il a frappé d'étonnement
Kutusoff et repoussé ses masses profondes.
Mais trois armées puissantes et des tourbil-
lons de cosaques ferment toutes les issues!
le moment est suprême!... Napoléon se fait
apporter les aigles et les réduit en cendres!
qui sait, en effet, si on reverra la patrie?...
on touche à la Bérésina; il sera peut-être
impossible de la franchir!...

Le dégel a grossi le fleuve et c'est presque une barrière insurmontable. Napoléon
trompe l'ennemi, l'attaque, le disperse. On

parvient à jeter des ponts pour sauver les débris de l'armée; des milliers de trainards la suivent et se disputent le passage. Les ponts sont rompus afin d'éviter la poursuite des Russes; tout ce qui reste en arrière meurt de misère ou de désespoir.

Jamais retraite ne fut aussi cruelle; elle dura plus de quatre mois!. Jamais perte ne fut aussi effroyable; quatre cent mille hommes disparurent dans les neiges, dans les forêts, dans les hôpitaux, sous le fer de l'ennemi!. Le froid, la faim, le nombre, la trahison tout se réunit contre les français.

Napoléon est rentré à Paris le 19 décembre. La France a. d'abord été frappée de stupeur; elle se réveille bientôt à la voix de l'honneur. Les départements, les villes, les citoyens offrent des soldats équippés, des

7

cavaliers montés; la jeunesse s'élance des colléges; des légions surgissent de toutes parts et se mettent en marche pour l'Elbe. De leur côté les puissances coalisées multiplient leurs efforts. Au nom de la liberté, de ce mot magique qui remue les âmes, tous les peuples allemands sont appelés sous les armes.

Le 15 avril 1813, l'empereur part pour rejoindre l'armée. La victoire de Lutzen le 2 mai et celle de Bautzen le 20, font briller nos aigles d'un nouvel éclat.

La paix est offerte par l'ennemi; des propositions insidieuses se prolongént jusqu'au 15 août, moment où tout est préparé pour briser Napoléon au milieu de ses triomphes. Moreau et Bernadotte ses rivaux ont tracé de nouveaux plans; on harcellera nos divisions par des marches fatiguantes, par des combats particuliers; on les épuisera en intereptant les convois, les communications, les secours. La campagne s'est rouverte!. A Dresde-cinq cent mille combattants sont en ligne contre trois cent mille français. Là encore les coalisés sont écrasés dans une bataille mémorable, où Moreau meurt en fuyant devant nos drapeaux; mais les forces qui nous entourent sont trop supérieures; chaque jour elles resserrent le cercle et nous isolent de la France. Les bavarois se sont réunis à la coalition; les saxons, les wurtembergeois nous trahissent sur le champ de bataille même. Le génie de Napoléon est vaincu!. Une déroute effroyable nous attend à Leipsick.

Vingt mille français sont abandonnés sur

la rive ennemie. Le brave Poniatowski emporte en mourant le dernier espoir de la
Pologne. L'armée française marchant en
désordre sur le Rhin ne se rallie qu'à Hanau
pour battre les bavarois et se frayer un passage vers la patrie.

L'étranger est sur le Rhin; les Espagnols
et Wellington ont passé les Pyrennées; les
hollandais quittent nos rangs; la Suisse
abandonne sa neutralité; Murat lui-même,
comptant sur des promesses perfides, a
marché contre Eugène. Les partis s'agitent
vivement en France; les idées de liberté se
réveillent; Louis xviii se présente pour dis-
puter la France à Napoléon.

Le 1er janvier 1814, le Rhin a été fran-
chi par l'ennemi depuis la Suisse jusqu'à
la Hollande. Cent peuples accourent pour

dépouiller nos provinces et se venger de nos triomphes. Ils sont huit cent mille!.. Cependant ils ne s'avancent qu'avec crainte, tant ils redoutent nos vieilles phalanges.

Mais la France est divisée et l'Europe s'avance sur Paris par tous les chemins!. En vain Napoléon avec quarante mille hommes seulement reste maître des champs de bataille à Champ-Aubert, à Montmirail, à Château-Thierry, à Montereau, à St.-Dizier ; Paris est forcé de capituler et le parti royaliste arbore les vieilles enseignes de la monarchie.

Ainsi l'empire s'effaça en quelques jours!. Retiré à Fontainebleau, Napoléon abdique le 4 avril; le 20, il fait ses adieux à sa garde. Appelant à lui ses aigles, il pleure avec ses soldats sur tant de souvenirs glorieux qu'elles rappellent.

Le 1er mai 1814, Napoléon s'embarque pour l'ile d'Elbe, laissant derrière lui le triomphe de l'étranger, au lieu de la conquête du monde. Il est isolé sur un rocher ferrugineux, ayant à ses pieds la Corse, son berceau, et l'Italie, le premier théâtre de sa gloire. Quand il lui semble que la France le réclame, il demande son cheval de bataille et ses grenadiers, puis débarquant à Cannes, il entraine les populations à sa suite, et arrive aux Tuileries, tout prêt à recommencer la lutte contre l'Europe.

Les désastres de Waterloo viennent détruire tous les prestiges. Le trône impérial disparait et l'homme naguère si puissant est

transporté à l'extrémité du monde, à Sainte-
Hélène où la politique anglaise fait subir un
long supplice à ce noble cœur qui avait re-
mué l'Europe par sa parole et son génie.

Là sont morts ses rêves de gloire et de
grandeur! Tout hier!.. Aujourd'hui rien!..
Napoléon a succombé le 5 mai 1821!. La
terre a enseveli le colosse qui avait embrassé
Moscou après avoir inscrit son nom sur les
Pyramides.

La France a voulu répondre au vœu du
héros. « Je désire, est-il dit dans son testa-
« ment, que mes cendres reposent sur les
« bords de la Seine, au milieu de ce peuple
« français que j'ai tant aimé! » La loi du
18 juin 1840 a ordonné la translation des
restes mortels de l'empereur Napoléon, de

l'île Sainte-Hélène à l'église de l'hôtel royal des invalides et la construction de son tombeau aux frais de l'État.

Il repose actuellement au milieu des nobles débris des armées françaises.

Une larme !!! Un souvenir au grand homme !...

Aussonna æternumque tenet per secula nomen!
Viac. - 6e liv

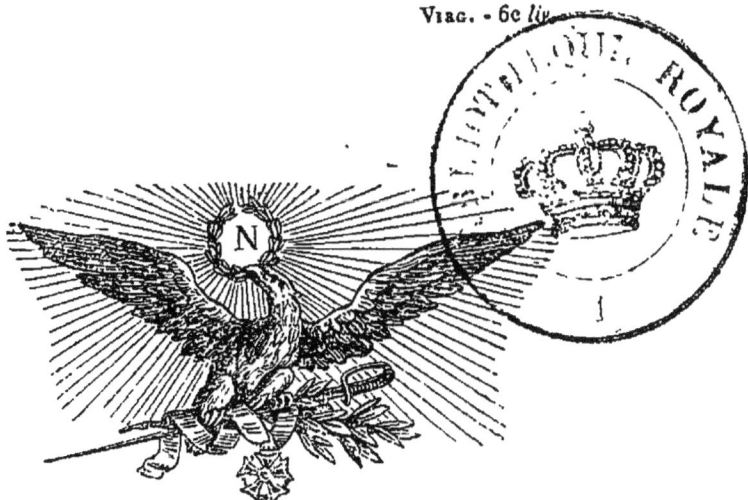

www.ingramcontent.com/pod-product-compliance
Lightning Source LLC
Chambersburg PA
CBHW052148090426
42741CB00010B/2186